AF554072

RÉPUBLIQUE,

RÉACTION,

APPEL AU PEUPLE.

PAR M. F. DE LACOMBE

(DE SAINT-JEAN D'ANGELY),

Officier de l'Université, et Chevalier de plusieurs Ordres.

BIBLIOTHÈQUE NATIONALE R.F. IMPRIMÉS

—o—

DEUXIÈME ÉDITION.

DÉPÔT LÉGAL Seine

—o—

PARIS.

CHEZ DENTU; GALERIE VITRÉE, PALAIS NATIONAL,

Et chez les principaux Libraires.

—

1851.

OBSERVATIONS PRÉLIMINAIRES.

Comme la Brochure, dont je publie aujourd'hui la 2e édition, a paru pour la 1ere fois en 1850, on ne peut pas dire que je sois de ces personnes prudentes, qui ne se prononcent jamais qu'après l'événement. Non, ce n'est point ainsi que s'exerce mon patriotisme; et ce que je n'ai point craint de dire en décembre 1850, je ne crains point de le répéter en décembre 1851.

Je suppliais alors l'Assemblée Nationale de décréter un appel au peuple Français, et de le consulter franchement sur la forme de gouvernement qu'il préférait, afin que nous puissions du moins rentrer ainsi dans la voie légale, dont un gouvernement provisoire, sans droit et sans mission, nous avait fait violemment sortir, en nous imposant, sans même daigner nous consulter, la République démocratique.

C'était cependant le seul moyen de sortir, au meilleur marché possible, de la fausse position où l'on nous avait témérairement engagés, et de remédier aux vices nombreux d'une Constitution, qui n'était pas née viable, et qui, selon l'expression d'un écrivain impartial, causerait d'autant plus de mal, qu'elle serait plus fidèlement exécutée.

Mais, si le succès de ma Brochure a prouvé que j'avais frappé juste, l'obstination de l'Assemblée Nationale à vouloir nous maintenir dans une impasse, devait nécessairement amener bientôt entre les pouvoirs de l'Etat une collision, que tout le monde regardait avec raison comme inévitable.

Et n'est-ce pas, en effet, une chose assez étonnante que deux pouvoirs rivaux, très jaloux l'un de l'autre, et sans aucun contrepoids, soient restés en présence plus de trois années, se bornant à s'observer avec défiance et à se provoquer, mais sans s'attaquer ouvertement et sans que l'un des deux eût tenté franchement de renverser l'autre ?

Nos grands politiques de la Constituante, dédaignant à la fois la théorie gouvernementale de Montesquieu et l'heureuse pratique des États-Unis d'Amérique, depuis leur origine, ont regardé comme parfaitement inutile et même comme dangereux, l'établissement d'un Sénat, conjointement avec une Chambre des Représentants et un Président, chef du pouvoir exécutif. Il était pourtant facile de comprendre que ce Sénat était seul capable de maintenir la paix et la bonne harmonie entre une Assemblée qui se croyait omnipotente, sans avoir entre les mains les moyens de se faire obéir, et un Président qui disposait souverainement, non-seulement de tous les emplois publics et des finances, mais des armées de terre et de mer.

Les Américains, après avoir commencé

comme nous, par établir une Chambre unique et un Président, ne purent pas supporter plus de six mois une forme de gouvernement aussi vicieuse.

Leur sagesse leur fit promptement adopter l'institution si utile d'un Sénat, qui, en se joignant toujours au plus faible des deux grands pouvoirs de l'Etat, sut ainsi maintenir entr'eux un parfait équilibre. Cette grande nation s'est même si bien trouvée de cette forme gouvernementale, si propre à prévenir les conflits, qu'elle l'a appliquée depuis à tous les degrés et même à l'administration des communes.

Mais, que sont la raison et l'expérience pour des hommes aveuglés par l'orgueil et entraînés par la passion ? Les auteurs et les partisans enthousiastes de la nouvelle Constitution, qui se flattaient, il faut bien le croire, de pouvoir faire seuls le bonheur du pays, à l'aide de ce nouveau chef-d'œuvre politique, ne pouvaient soutenir l'idée de partager un tel honneur avec un Sénat, dont ils ne pouvaient comprendre ni le droit ni l'utilité pratique.

Et cependant quels sont les hommes de bonne foi, qui, à l'exception de ses auteurs, pouvaient prendre au sérieux une Constitution, impuissante à faire le bien, et grosse de troubles et d'orages, qu'on n'a supportée depuis trois ans, que pour éviter l'anarchie? Il peut se faire néanmoins que les républicains honnêtes se soient fait illusion à cet égard, mais quant aux républicains exaltés, aux Montagnards, on sait combien un Président, avec des palais, des aides-de-camp et une cour leur causaient de crispations de nerfs, et combien ils auraient simplifié tout cela, s'ils en avaient été les maîtres.

Aussi, Louis-Napoléon a-t-il trouvé toute facilité à suspendre cette Constitution reconnue si défectueuse par tout le monde, dans le but de la modifier ensuite, et de la mettre en harmonie avec le bon sens et l'état des esprits, c'est-à-dire, de la rendre praticable. Ne soyons donc point surpris si ceux qui se sont levés le 4 décembre pour la soutenir et la défendre, l'ont fait avec si peu de zèle et d'ardeur, que leur défaite a été sans gloire, et qu'il n'y a que la pitié publique qui puisse les sauver d'une juste horreur, si l'on songe aux malheurs causés par leur attaque téméraire. Ces enfants perdus de la démagogie et du socialisme se flattaient sans doute de trouver des auxiliaires dans le peuple ; mais le vrai peuple, c'est-à-dire tout ce qui possède ou travaille, est resté complétement sourd à leur appel insensé ; et livrés à leurs propres forces, ils n'ont pu tenir un seul instant devant une armée aussi brave et aussi disciplinée, qu'elle était bien commandée et disposée avec habileté.

Ce que je dis là, je l'ai vu de mes propres yeux sur plusieurs points différents. Partout la troupe marchait avec calme, mais avec une résolution irrésistible, tandis que les téméraires qui avaient osé la provoquer, fuyaient dans toutes les directions, ou ne faisaient feu sur elle, que lorsqu'ils se croyaient à couvert et en sûreté.

Il est vrai, d'ailleurs, que nos soldats n'ont pu encore oublier à quel prix les socialistes de 1848 fraternisaient avec les braves, et quelles humiliations il leur avait fallu subir pour avoir eu l'imprudence de se fier à leurs caresses mensongères. C'était, du reste, la juste expiation d'une faute bien grave pour des guerriers, qui, au lieu d'employer les armes, qui leur avaient été confiées, au maintien de l'ordre et des lois, comme ils l'ont fait depuis, avec énergie, les livraient, avec une confiance aveugle et qui pouvait être mal interprétée, à de perfides amis, qui ne leur adressaient d'abord des protestations de sympathie et de dévouement, que pour les humilier et les expulser ensuite tout à leur aise.

Au surplus, si Louis-Napoléon a brisé, sans grand effort, l'obstacle qui s'opposait depuis trop longtemps à la reprise des affaires et à la prospérité du pays, personne n'ignore qu'il n'a fait en cela que prévenir ses adversaires, et que, sans sa résolution et son énergie, nous serions aujourd'hui livrés à la division des partis et à l'anarchie la plus déplorable. Depuis plus de trois ans, il a souffert patiemment, dans l'intérêt de la patrie; mais si sa douceur et son calme apparent ont pu faire illusion à ses ennemis, il ne doit plus aujourd'hui leur rester, à cet égard, aucun doute. Son reveil a été celui du lion.

Félicitons-le surtout de son début. Après avoir brisé ses entraves, il a commencé par faire un appel au peuple, afin de n'agir ensuite que d'après ses vœux librement exprimés. Cet hommage rendu à la souveraineté nationale ne peut qu'affermir un pouvoir émané de sa véritable source, et consolider pour longtemps l'ordre et la prospérité de la France, en lui assurant une base aussi large que respectable.

Il est donc maintenant du devoir de tous

les bons citoyens de se serrer autour du Président, afin de le mettre à même de réaliser plus complétement le bien qui est dans son cœur, et de déjouer les intrigues des partis. N'oublions pas surtout l'immense service qu'il nous a rendu, en dissipant par sa vigueur les orages menaçants de 1852, déjà suspendus sur nos têtes, et en nous délivrant, le 4 décembre, des menaces aussi odieuses qu'insolentes du socialisme en délire.

CHAPITRE PREMIER.

RÉPUBLIQUE.

La première République ne peut se soutenir, bien qu'on en essaie sous toutes les formes. — On ne commence à respirer que sous le Consulat à vie, et l'on ne se repose réellement que sous l'Empire. — Sa chute est amenée par une ambition démesurée ; elle est précédée d'une lutte magnifique. — La Restauration ; la Charte octroyée. — Mécontentement de l'armée — Violation de la Charte par un acte de bon plaisir.—Révolution de 1830.— Louis-Philippe est placé sur le trône par un parti, mais non par la France, qu'on se dispense de consulter.—Par suite, sa fausse position, et, pour lui, la nécessité de ménager l'étranger. — Le pays, mécontent que le nouveau souverain se montre si peu susceptible au point de vue de l'honneur national, ne partage point ses sympathies pour l'Angleterre.— Gouvernement personnel.— Erreur funeste de Louis-Philippe. — Sa famille, admirable par mille belles qualités.--Révolution de 1848.—La deuxième République imposée à la France par le gouvernement provisoire, et non sanctionnée par le pays, qui, effrayé et tombé dans une sorte de stupeur, laisse faire.— Les ateliers nationaux, véritable réceptacle d'hommes vicieux et adonnés à la paresse, s'indignent quand on les licencie comme inutiles et onéreux.—Ils veulent, en conséquence, subjuguer les riches pour les dépouiller et vivre à leurs dépens.—Sanglantes journées de juin. — La victoire reste au parti de l'Ordre.

Nul être, a dit un philosophe, ne peut vivre longtemps hors de son état naturel. Nous pouvons dire avec la même vérité, que nulle société politique ne peut vivre et se maintenir hors de la forme de gouvernement la mieux appropriée à son état moral, à ses goûts, à ses habitudes et à la disposition générale des esprits.

On se demande, d'après cela, si la forme républicaine est bien réellement celle qui convient le mieux au gouvernement de la France. Quelques-uns diront oui, la plupart diront NON, suivant leur position ou leur point de vue; mais, ce qui est incontestable, c'est que l'immense majorité répondra NON. Or, n'est-ce pas un fait bien grave, et peut-être sans exemple dans l'histoire des grandes nations policées et civilisées, que par le seul effet d'une conspiration ou plutôt d'un coup de main hardi et heureux, on ait donné à la France, *sans même la consulter*, une forme de gouvernement à la quelle elle était si peu préparée, et, qu'à coup sûr, elle ne désirait pas? Et comme ceux qui s'étaient violemment emparés de la direction des affaires, étaient bien certains que s'ils soumettaient la question à l'épreuve décisive et nécessaire du suffrage universel, la forme républicaine serait repoussée, ils ont mieux aimé profiter de la stupeur produite par un cataclysme aussi effrayant qu'inattendu, pour décréter eux-mêmes la République, et substituer ainsi le fait au droit. Mais ils n'ont sans doute pas fait attention qu'elle ne pouvait plus dès-lors être maintenue que par la force, dès qu'elle n'était pas l'expression de la volonté générale, mais seulement la fantaisie d'une minorité ardente et très faible, qui la faisait accepter, ou plutôt qui l'imposait, le sabre à la main, à l'immense majorité inquiète et désarmée. Cette forme n'ayant pas reçu de l'universalité des citoyens une sanction légitime, se trouve, par là même, viciée dans sa source, et toutes les mesures adoptées depuis pour la corroborer, n'étant que les conséquences forcées de ce faux principe, ne peuvent lui donner ce qui lui manque, ni lui rendre ce qu'elles n'en ont pas reçu.

Cela rappelle seulement l'histoire des trente tyrans d'Athènes, dont la domination fut supportée avec tant d'impatience, et flétrie ensuite avec tant de blâme et de sévérité par ce peuple si brave et si poli, mais un peu frivole, avec le quel nous avons, dit-on, tant de ressemblance.

Du reste, ce n'est pas la première fois que nous avons fait l'essai du gouvernement républicain. Nous en sommes, hélas! à la deuxième édition, qui, nous avons tout lieu de le croire, aura encore moins de durée et de succès que la première. Remarquez, en effet, que lors de la première révolution, on essaya de la République sous toutes les formes: d'abord, avec une assemblée unique et omnipotente, la CONVENTION, puis avec un Directoire, flanqué de deux Assemblées délibérantes, celle des CINQ-CENTS et celle des ANCIENS. Cette République infortunée n'en mourait pas moins de misère et de langueur, malgré tant d'administrateurs capables et d'habiles médecins. Alors, après le

18 brumaire, on essaya du Consulat, et comme le premier Consul était tout, et que ses deux collègues n'étaient rien, cette trinité politique n'était, en réalité, que l'unité, unité d'autant plus forte, qu'elle était personnifiée en un homme qui *savait tout faire, qui voulait tout faire et qui pouvait tout faire.*

Aussitôt, la confiance se rétablit d'une manière sensible, et l'on commença à respirer; mais comme les Français n'avaient pas moins besoin de stabilité dans la politique, pour se livrer à des spéculations importantes et à des entreprises durables, que le premier Consul lui-même, pour former des établissements utiles et réorganiser fortement les diverses branches de l'administration publique, on vota bientôt le premier Consulat à vie, qui n'était autre chose qu'une sorte de royauté viagère. Alors on regarda le gouvernement comme solidement établi, sinon pour toujours, du moins pour un espace de temps indéterminé, ce qui était déjà un grand bonheur pour des hommes qui venaient d'échapper à un péril imminent, et qui, depuis 89, n'avaient fait, pour ainsi dire, que vivre au jour le jour, si toutefois on peut appeler vivre, passer ses jours dans l'anxiété, la terreur et le désespoir.

Aussi, j'en appelle à ceux qui, comme moi, ont pu voir le premier Consulat à vie. Qu'ils disent avec quel sentiment d'allégresse et d'enthousiasme cette nouvelle fut reçue d'un bout de la France à l'autre ! La joie était peinte sur tous les visages; on s'abordait en se félicitant, en s'embrassant, et l'on se disait avec une satisfaction inexprimable : Enfin, nous sommes sauvés!

Cela suffit pour faire comprendre quelle facilité trouva Napoléon à se faire, peu après, nommer empereur, malgré le mécontentement de quelques démocrates et des royalistes plus nombreux, qui toutefois voulaient bien la monarchie, mais qui appelaient de tous leurs vœux un autre monarque. Au surplus, cette faible opposition ne put tenir contre la volonté énergique de l'immense majorité des Français, qui, fatigués d'avoir été ballottés si longtemps, par tant d'essais infructueux de République, ne voulaient même plus s'en tenir à un pouvoir viager, tant ils redoutaient de nouvelles crises. Aussi, le Consulat à vie ne fit-il que servir de transition pour arriver à un Empire, qui avait bien, aux yeux de beaucoup de royalistes, le tort d'être entaché d'usurpation, mais qui, du moins, par l'hérédité, l'unité et la plénitude du pouvoir souverain, répondait aux désirs du plus grand nombre, en les rassurant non seulement sur le présent, mais sur l'avenir.

D'ailleurs, s'il y avait des mécontents, on peut dire avec vérité qu'il y en avait bien peu qui le fussent par principe ou par conviction, et la plupart ne se plaignaient que parce qu'ils avaient été oubliés dans la distribution des places et des honneurs. Du reste, il est juste de dire qu'ils faisaient beaucoup moins de bruit qu'aujourd'hui, et ils se montraient en cela beaucoup plus sages et plus prudents.

Parmi les mécontents se trouvaient surtout les partisans des princes déchus : mais leurs murmures allaient chaque jour en décroissant, et finissaient par se perdre dans le lointain, vu le grand nombre de ceux qu'on appelait à l'armée, au sénat ou à la cour ; et qui, satisfaits de ressaisir enfin le pouvoir et les honneurs qu'ils avaient perdus avec tant de regrets, souffraient sans trop de peine, près d'eux ou même au-dessus d'eux, les parvenus, gens de mérite pour la plupart, qui de leur côté ne se plaignaient point de se trouver en si bonne compagnie.

Malheureusement, ce pouvoir si fort et si solide, égaré par l'ambition et le désir bien imprudent du nouveau César, de faire trôner aussi son lignage, finit par se briser contre les forces réunies de toute l'Europe, qu'il avait trop humiliée par des triomphes sans exemple, et exaspérée par l'abus inévitable de tant de victoires éclatantes, bien capables sans doute d'enivrer les chefs et les soldats, tant elles les élevaient au-dessus des autres hommes.

Après la chute de l'Empire, qui fut du moins précédée d'une magnifique lutte, et de la campagne la plus glorieuse qu'on puisse citer de mémoire de héros, le parti des princes déchus, grossi de tous les ennemis du despotisme impérial, et appuyé par l'empereur Alexandre, alors maître de Paris, redemanda à grands cris les Bourbons, comme seuls capables de réconcilier la France avec l'Europe, et d'amener une transaction nécessaire entre la royauté absolue et la République. La charte fut en conséquence octroyée, et Louis XVIII monta sur le trône sans opposition et sans conteste. Malheureusement pour lui et surtout pour sa famille, ce prince, dont le mérite ne peut être révoqué en doute, au lieu d'être rappelé par le vœu libre et spontané de la nation, paraissait, au contraire, lui avoir été imposé par l'étranger, à la suite de ses désastres, ce qui était une bien fâcheuse recommandation. Mais peut-être eût-on oublié ce tort, à coup sûr bien involontaire de sa part, si ceux qui l'entouraient, à commencer par les princes ses neveux, n'eussent traité, par une imprudence impardonnable, notre glorieuse armée, dont le brillant éclat se reflétait aussi sur eux, avec une défiance injurieuse, et dont elle fut vivement blessée. La leçon ne se fit pas longtemps attendre, et ce trône relevé à peine depuis un an, fut renversé de nouveau, sans que ces gentilhommes, si fiers et si dévoués, fissent le moindre effort pour le défendre.

Mais voici venir les alliés, qui, après leur victoire si chèrement payée, mais si décisive de Waterloo, en relevant de nouveau le trône de saint Louis, humilièrent et épuisèrent, autant qu'ils purent, ce beau pays de France, trop riche et trop puissant à leur gré, qu'ils n'osaient pourtant pas se partager. Les Français subirent la loi du plus fort, mais en frémissant, et sans regarder la position aussi dure qu'humiliante qui leur était faite, comme définitive et sans appel. L'impression pénible qu'ils en conservèrent aurait exigé, pour s'effacer et disparaître peu à peu, beaucoup d'égards et de ménagements de la part de ceux qui les gouvernaient. Mais malheureusement il n'en fut pas ainsi : au lieu de respecter scrupuleusement cette charte, qui, bien qu'*octroyée*, n'en donnait pas moins satisfaction au peuple Français, en érigeant en principes les libertés pour lesquelles il avait si glorieusement combattu depuis quarante ans, le roi Charles X, sans doute animé de bonnes intentions, mais mal conseillé, et trop exclusivement livré aux influences d'un parti qui n'avait rien oublié ni rien appris, crut pouvoir faire, comme ses ancêtres, acte d'autorité et de bon plaisir. Il rendit, en conséquence, ses fameuses ordonnances, dont la seule lecture remplit de terreur le respectable M. Sauvo, rédacteur en chef du *Moniteur*. Mais les sages avertissements de ce Nestor de la presse furent traités de *craintes puériles d'un vieillard*. Du reste, les Parisiens prouvèrent bientôt que, pour eux, le temps de l'arbitraire était passé, passé pour toujours, en se soulevant spontanément comme un seul homme, avec une énergie qui fit trembler sur leurs trônes tous les rois absolus, et en renversant un pouvoir qui oubliait ainsi ses promesses les plus solennelles.

Il semblait, en effet, ne pas comprendre que, pour être fort et durable, il ne pouvait désormais se séparer d'une constitution libérale, où les droits et les devoirs de tous fussent clairement tracés et définis. Les Français prouvèrent de la sorte, que si l'autorité d'un roi était nécessaire en France, elle ne pouvait néanmoins subsister sans les précieuses libertés conquises par tant de glorieuses victoires et de si généreux sacrifices.

Alors, la branche d'Orléans fut substituée à la branche aînée dans le gouvernement du pays, non plus, cette fois, avec une charte octroyée par le bon plaisir d'un roi absolu, mais bien proposée par les vainqueurs, et librement acceptée et jurée par lè prince qui avait alors leurs sympathies.

Remarquons, toutefois, que l'avénement de Louis-Philippe, comme celui de la République actuelle, manquait de cette condition essentielle, pour être fort et inattaquable, du suffrage universel, sans lequel on peut bien être l'élu d'un parti, mais non pas l'élu de la France, qui sans doute a laissé faire, mais qui n'a pas dit pour cela son dernier mot.

Il est résulté pour Louis-Philippe, de cette fausse position, la nécessité de ménager beaucoup l'étranger, et même de lui faire parfois des concessions qui froissèrent vivement le sentiment national. Les Anglais surtout y gagnèrent; mais Louis-Philippe y perdit; et la France ne fut jamais de moitié dans les politesses et les accolades qu'il échangea avec la reine Victoria. Ajoutons que la grande confiance qu'il puisait dans la supériorité même de son esprit, et sans doute aussi dans ses bonnes intentions, ne fût pas la moindre cause de sa chute. Persuadé de l'excellence de sa politique, il se préoccupait beaucoup plus, en effet, du soin de former une chambre complaisante, pour la sanctionner, que d'obtenir la franche et sérieuse approbation du pays, dont cette même chambre, nommée à l'aide de tant de manœuvres et d'influences, ne pouvait exprimer la véritable opinion. Ce fut là de sa part une erreur bien grave et bien funeste ; car après avoir élevé une si admirable famille, et formé pour le commandement et la direction des affaires, des princes si braves, si instruits, si distingués, il pouvait très bien, en s'appuyant sur l'immense majorité des Français, et en se montrant plus fier et plus ferme vis-à-vis de l'étranger, surtout plus chatouilleux sur le point d'honneur, et plus jaloux de l'indépendance du pays, il pouvait, dis-je, braver hardiment la colère impuissante des partisans de la branche aînée, au dedans, aussi bien que les attaques des grandes puissances, au dehors ; car l'histoire est là pour dire ce dont la France est capable, quand elle est bien conduite et que l'honneur national est en jeu.

Mais la *politique personnelle* a tout paralysé, a tout perdu ; car tout en fournissant ainsi des armes aux républicains désabusés, elle a de beaucoup diminué l'affection que la majorité avait vouée, dans le principe, à Louis-Philippe, et a donné aux premiers toute facilité pour renverser un trône qu'ils avaient élevé eux-mêmes, et qui n'avait pas encore eu le temps de pousser dans le sol français des racines bien profondes.

Convenons, toutefois, que personne en France, pas même un seul de ceux qui l'ont brisé, ne le croyait si mal affermi, et ne prévoyait sa chute prochaine. L'ambassade anglaise seule est soupçonnée d'en avoir su à cet égard plus que les autres, à cause des milliers de passeports qu'elle délivra à ses nationaux du 15 au 23 février. Il est vrai d'ailleurs que loin de nier qu'elle ait poussé de toutes ses forces à la Révolution de Février, elle s'en vante, au contraire, volontiers. Ce qui prouve, en passant, toute la valeur de l'*entente cordiale* de nos voisins, et toute la sincérité de leurs baisers diplomatiques.

La chute si prompte et si peu attendue de Louis-Philippe ayant jeté la France dans un étonnement inexprimable, elle ne songea nullement, surtout les premiers jours, à s'opposer aux fantaisies politiques et aux expériences gouvernementales de ses *nouveaux maîtres,* qui, tout fraîchement improvisés, ne savaient trop eux-mêmes comment s'y prendre, pour mieux diriger les affaires du pays, que ceux contre lesquels ils avaient tant crié et si fatalement agi : car ils n'avaient guère eu le temps d'apprendre le rôle important qu'ils étaient si inopinément appelés à jouer.

Le gouvernement provisoire, d'abord composé de cinq membres, et dès le lendemain de onze, était d'ailleurs un amalgame si étrange, si peu homogène, qu'il était fort difficile qu'il pût en sortir un système d'administration bien coordonné et surtout bien approprié aux besoins et à l'esprit du pays; car tous ces hommes, qui ne manquent, du reste, ni d'esprit ni de talent, n'en arrivaient pas moins là sans préparation préalable, comme sans vocation décidée, puisqu'ils ont suffisamment prouvé, je pense, qu'il n'y avait pas parmi eux un seul homme d'État. Seulement, chacun d'eux y apportait ses idées particulières et, pour ainsi dire, exclusives, à la réalisation desquelles il tenait d'autant plus, qu'il les regardait comme les vraies bases de la prospérité sociale et les seules sauvegardes de la liberté. Quelques-uns y apportaient aussi leurs préjugés ou leurs vieilles rancunes contre les riches et les grands, et se trouvaient un peu éblouis d'être arrivés à les dominer, non à leur point de vue, par l'effet d'un coup de fortune, mais bien par la seule force de leur génie supérieur. De là cette suffisance, ces airs de grandeur qu'ils se donnaient, et ce luxe qu'ils essayaient avec une satisfaction trop visible, et qui chatouillait si agréablement leur amour-propre. Du reste, il y avait entre eux, comme cela devait être, peu d'entente dans le but et dans les moyens, parce qu'il y avait peu d'accord dans leurs opinions politiques, aussi bien que dans leurs principes d'économie sociale.

Toutefois, la France en voyant à la tête du gouvernement provisoire un homme politique, plus grand poète encore que grand seigneur, un homme généralement connu, d'ailleurs, par la bonté de son cœur, par l'élévation de ses sentiments et par la droiture de ses intentions, se trouva un peu rassurée : car elle ne pouvait supposer que M. de Lamartine consentît jamais à souiller une vie illustre et pure, marquée par tant d'actions nobles et généreuses, en s'associant à des actes sanguinaires ou à d'odieuses spoliations. Son attente à cet égard ne fut point trompée ; et s'il avait eu le tort grave de se poser, avant la Révolution de Février, en *grand agitateur*, sans en prévoir apparemment les fâcheuses conséquences, il a du moins mérité depuis toute la reconnaissance des honnêtes gens, moins par le bien qu'il a réalisé, que par le mal qu'il est parvenu à empêcher, par des efforts généreux et incessants et par un courage admirable. D'ailleurs, quand il n'eût rendu au pays que l'immense service d'empêcher, au péril de sa vie, les démagogues furieux d'arborer le drapeau rouge, symbole de dévastation et de sang, il aurait à jamais bien mérité de la patrie; mais il ne s'en est pas tenu là. Par sa lettre à nos ambassadeurs, il a aussi rassuré les puissances étrangères sur le but et les intentions de la France, et par l'exposition d'idées pacifiques autant que nobles, et dans un langage plus noble encore, il a su conjurer les orages qui menaçaient de fondre sur elle et de compliquer la situation.

Voilà de ces choses qu'une nation comme

la France ne saurait oublier, et qui en font pardonner bien d'autres.

Au surplus, tout en se dévouant pour empêcher la révolution nouvelle de se souiller par les excès qui nous font exécrer l'ancienne, et en obtenant de ses collègues l'abolition de la peine de mort en matière politique, Lamartine ne pouvait pourtant se dispenser de leur faire à son tour des concessions, ni s'opposer ouvertement à ce qu'ils fissent enfin l'essai de leurs utopies. De là l'impôt des quarante-cinq centimes, qui fit tant de mécontents; de là l'impôt sur les rentes foncières et sur les obligations hypothécaires, dont l'injustice et l'absurdité furent constatées après un travail immense, imposé sans rétribution à tous les conservateurs d'hypothèques; de là enfin le funeste établissement des ateliers nationaux, dont on espérait des merveilles, mais qui ne servirent guère qu'à dépenser, sans résultat, tant de millions qu'on pouvait à coup sûr mieux employer. Je me trompe, ces trésors ne furent pas tout-à-fait perdus, puisqu'il en résulta une leçon très chère, à la vérité, mais d'une haute utilité. Ils servirent à démontrer de la manière la plus claire et la moins contestable, que ces *honnêtes* ouvriers, si indignement exploités naguère par des maîtres injustes et avides, toujours prêts, d'ailleurs, à former ces phalanges d'émeutiers, qui faisaient l'admiration de Louis Blanc, n'étaient en réalité qu'un ramas de paresseux, d'ivrognes, de débauchés. A force d'avoir été caressés, vantés et adulés par ceux qui voulaient s'en servir pour maintenir leur autorité usurpée, ils avaient fini par se persuader qu'ils étaient en effet les maîtres du monde, et qu'ils avaient acquis le droit de vivre sans travailler : car, tout en demandant du travail, ils étaient heureux de n'en point trouver. Véritables chenilles sociales, qui ne faisaient, sans rien produire, que dévorer avec avidité l'arbre national. Aussi, trouvaient-ils leur position, dans ces ateliers de loisir, si douce et si conforme à leurs goûts, qu'ils s'indignèrent tout de bon, quand on vint leur apprendre, après mainte hésitation, que le trésor public ne pouvait plus suffire à nourrir tant de bouches inutiles, et que le gouvernement était décidé à les licencier.

A cette nouvelle désolante et si peu attendue, ils jetèrent les hauts cris, en accusant la patrie d'ingratitude. Et ne pouvant plus supporter l'horrible idée de gagner désormais leur pain à la sueur de leur front, bien que le Créateur nous ait lui-même prévenus que c'était là notre destinée, ils profitèrent alors de leur organisation en brigades et en compagnies, pour attaquer avec autant d'ordre que de fureur tous ces riches, qu'on leur avait appris à envier et à détester, afin de les massacrer sans miséricorde, de les dépouiller ensuite tout à leur aise, et de se faire ainsi de la pâture pour longtemps.

Mais ces riches, ces bourgeois, dont ils croyaient avoir si bon marché, se défendirent vaillamment, contre leur attente; l'armée, que les émeutiers avaient par trop humiliée en Février, en lui prenant ses armes, sous prétexte de fraterniser avec elle, et en la congédiant ensuite sans façon, saisit avec empressement l'occasion de faire oublier cet acte de faiblesse, et se battit, comme toujours, avec un courage admirable; la garde mobile, de son côté, fit des prodiges de valeur, et la France fut sauvée de la fureur de ces bêtes féroces, qui n'aspiraient qu'à la dévorer.

Honneur à tous les braves qui l'ont si courageusement défendue! Honneur surtout à Cavaignac, quoi qu'on puisse dire; car la patrie n'oubliera jamais l'éminent service qu'il lui a rendu dans une circonstance aussi critique.

CHAPITRE II.

RÉACTION.

La sanglante victoire de Juin donne du courage aux honnêtes gens naturellement timides, et il s'opère, dès lors, contre le système républicain un mouvement de réaction très prononcé. — Le pouvoir passe, en conséquence, de Lamartine à Cavaignac, le vainqueur de Juin. — Élection du Président de la République.—La France manifeste son vif attachement à l'ordre et à un gouvernement ferme, en portant presque tous ses suffrages sur Louis-Napoléon. — Son avénement à la suprême magistrature ranime un peu les affaires, mais sans ramener la prospérité.— Il fait de louables efforts pour assurer la tranquillité. — Ses bonnes qualités, sa générosité, son hospitalité digne et convenable. — La journée du 13 juin 1849 prouve tout-à-la fois la faiblesse du parti socialiste et le peu de courage et d'habileté de ses chefs. — La France souffre trop du régime républicain, malgré tous les efforts du gouvernement, pour pouvoir le supporter longtemps. — Retour forcé à la Monarchie.— Trois Prétendants sont sur les rangs. — Leurs titres.— C'est à la France de choisir, et à tous les bons Français de se soumettre ensuite à sa décision souveraine.

Les journées de Juin, si glorieuses pour les défenseurs de l'ordre, si heureuses et si rassurantes pour le pays, durent nécessairement changer l'état des choses et déplacer l'autorité qui passa naturellement et sans conteste de Lamartine à Cavaignac.

Cependant tous les esprits suivaient avec une sorte de curiosité inquiète les travaux de la nouvelle Constituante, élaborant avec beaucoup de soin et de peine une œuvre fort difficile à bien faire pour l'avenir, au milieu de l'effervescence et des agitations du présent ; nous voulons parler de la Constitution, qui devait pendant trois ans régir la France, sans aucune modification. Cette œuvre est donc nécessairement fort imparfaite; mais alors elle était indispensable pour donner de la stabilité aux pouvoirs publics, et était impatiemment attendue. On était surtout pressé d'avoir un Président de la République, chef unique du pouvoir exécutif, dont l'autorité fût moins précaire et plus étendue que celle qui avait été dévolue jusque-là à Lamartine et à Cavaignac. On voulait qu'il eût plus de force pour réprimer les perturbateurs et déjouer leurs trames coupables.

Les citoyens de toutes les classes semblèrent alors s'être donné le mot d'un bout de la France à l'autre, pour porter la presque unanimité de leurs suffrages sur le neveu et l'héritier du grand homme dont elle sera toujours fière, et dont le nom resplendissant de gloire sera toujours pour elle le symbole le plus parfait de l'ordre et de l'égalité politique.

Tous les efforts des Constituants, qui avaient rêvé un autre nom, échouèrent contre cette volonté aussi unanime qu'énergique du peuple français, qui semblait ainsi s'en remettre entièrement à Louis-Napoléon du soin de son bonheur présent et de ses destinées futures. Ses espérances à cet égard étaient même tellement exagérées, qu'il était bien difficile au nouvel élu, quels que fussent d'ailleurs ses talents, ses mérites, et ses bonnes intentions, de pouvoir complétement les réaliser. Aussi, en est-il résulté pour beaucoup des déceptions faciles à prévoir, et qui ne sauraient justement lui être attribuées. Il ne dépendait, par exemple, ni du nouveau président, ni même de personne au monde, après une crise politique épouvantable, qui ne faisait que coïncider avec une crise commerciale désastreuse; et qui n'avait point pour cause la première, de pouvoir ramener subitement l'aisance et ressusciter le crédit dans un pays si cruellement éprouvé. Le mal tombe sur l'humanité avec la rapidité de la foudre, mais le bien ne peut s'opérer que lentement.

Personne ne peut nier, je pense, que depuis l'avénement de Louis-Napoléon à la présidence, la situation ne se soit sensiblement améliorée, au dedans et au dehors. Les affaires reprennent lentement, il est vrai, mais enfin elles reprennent; et jamais nos grands centres manufacturiers n'avaient autant travaillé, n'avaient gagné autant d'argent. C'est quelque chose assurément, mais il s'en faut que ce soit assez. Ce qui nous manque à tous, c'est la sécurité, c'est la confiance dans l'avenir. Rendons-lui cependant la justice de dire qu'il n'a rien négligé pour l'exciter et la rétablir. Ne tient-il pas en effet sous la main du brave Changarnier, dont le nom seul impose aux émeutiers, une armée dévouée et toute prête à agir au premier signal, dans l'intérêt de l'ordre et des lois? car si les perturbateurs eussent pu en douter, leur tentative du 13 juin, dite *journée des semelles,* eût suffi pour les en convaincre, de même qu'elle servit à mettre en évidence le peu de prudence et de résolution de leurs chefs, que l'horreur des bons citoyens n'a pu sauver du ridicule. N'a-t-il pas fait tout ce qu'on pouvait raisonnablement attendre de lui pour mettre de l'ordre dans les finances? N'a-t-il pas confié l'administration départementale et la direction des parquets à des mains capables, fermes et pures?

N'a-t-il pas su maintenir dans l'armée, par de nobles encouragements et de justes récompenses, l'esprit militaire et une discipline admirable, qui font le désespoir des démagogues?

N'a-t-il pas encouragé dans la mesure de

ses facultés pécuniaires, et même en les dépassant de beaucoup, les arts, le commerce et l'industrie?

Les étrangers, comme les nationaux de distinction, ne trouvent-ils pas à l'Elysée une réception et une représentation dignes de la France?

N'a-t-il pas demandé et obtenu de l'Assemblée une loi électorale, qui laisse sans doute beaucoup à désirer, mais qui est du moins capable de rassurer la France, que les dernières élections avaient justement alarmée?

N'a-t il pas fait rendre une loi sur la presse, que nous n'approuvons pas, mais qui témoigne du moins de son désir de réprimer fortement les écarts de la mauvaise presse?

N'a-t-il pas fait les plus louables efforts pour faire respecter partout l'autorité publique et pour faire exécuter les lois?

Enfin, Louis-Napoléon n'est-il pas, comme doit l'être le président d'une grande

République, affable et modeste, quoique digne, accessible et bienveillant pour tout le monde et généreux jusqu'à s'endetter ?

Cela est incontestable, direz-vous, c'est une justice à lui rendre.

S'il en est ainsi, d'où vient que notre commerce extérieur est en décadence, et que notre commerce intérieur est si considérablement réduit ?

D'où vient que les propriétaires ruraux, malgré l'abondance des récoltes, ont peine à payer leurs contributions ?

D'où vient qu'on ne trouve plus à vendre ses propriétés bâties ou rurales, ni à emprunter dessus, même avec première hypothèque ?

D'où vient que les bois eux-mêmes, si recherchés de tout temps par les capitalistes, comme le meilleur placement, sont presque aujourd'hui sans valeur, et qu'on a tant de peine à vendre ses coupes ?

D'où vient qu'on n'ose plus maintenant faire des spéculations importantes, et qu'on ne veut plus travailler qu'au comptant ?

D'où vient, quand l'argent est sans emploi, que nous n'avons plus de banquiers qui nous ouvrent des comptes, à des conditions raisonnables, mais seulement des escompteurs qui nous écorchent tout vifs ?

D'où vient que les affaires vont mal et que tout le monde non-seulement pense, mais dit tout haut, que les choses ne peuvent pas continuer ainsi ?

D'où vient enfin que, comme les apôtres, dans leur barque tourmentée par la tempête, nous élevons, chaque jour, les mains vers le ciel, en criant : « *Domine, salva nos,* » *perimus* ! Seigneur, sauvez-nous, nous » périssons. »

Cela vient d'une seule cause, mais malheureusement trop puissante pour que tous les efforts de l'Assemblée, du président et de ses ministres, puissent faire autre chose qu'en pallier et en atténuer un peu les fâcheux effets. Cela vient, en un mot, de ce qu'en voulant nous faire vivre sous le régime républicain, qui ne va pas du tout à notre tempérament, MM. du gouvernement provisoire ont commis un contre-sens politique des plus funestes, en même temps qu'un abus de pouvoir des plus criminels. N'avaient-ils pas, en effet, commencé par nous dire : « Le peuple Français choisira lui-» même la forme de gouvernement qui lui » conviendra le mieux, » ce qui était aussi juste que raisonnable ? Qui donc a donné à ces habiles législateurs le droit de choisir pour nous, et de venir nous dire, deux jours après : « La forme du gouvernement de la France est la République démocratique ? »

Mais de quoi vous plaignez-vous, diront les républicains ? cette forme de gouvernement n'est-elle pas la plus capable d'élever les âmes et de les porter aux grandes choses ? Voyez les républiques anciennes, qui ont acquis tant de gloire et qui ont opéré tant de prodiges !

Je me plaindrai d'abord qu'on ait traité le peuple Français, que je respecte, quant à moi, tout de bon, et que j'aime jusqu'à lui sacrifier ma vie (1), absolument comme on traite une personne sans conséquence, et qu'on ait pu pousser l'insolence jusqu'à se moquer ouvertement de lui, en lui disant d'abord, comme cela était très juste : « Choisissez la forme de gouvernement qui vous convient le mieux, » puis, en revenant le lendemain sur ce qu'on lui avait dit la veille,

---

(1) Le 26 août 1848, M. de Lacombe, alors principal du collége du Hâvre, arrêta, au péril de sa vie, sur la place de la Bourse, à Paris, le célèbre assassin Riancourt, ce galérien, que le *citoyen* Ledru-Rollin ne craignit point de nommer d'abord commissaire central au Hâvre, puis commissaire extraordinaire à Lillebonne, où il assassina son secrétaire.

Après ce nouveau crime, il partit pour Paris, où il ne fut guère inquiété par l'autorité, puisque, malgré une balafre très remarquable à la joue gauche, qui le rendait reconnaissable entre cent mille hommes, M. de Lacombe le vit, avec non moins de surprise que d'indignation, se promener fort tranquillement, en plein jour, au milieu des agens de la police, sur cette même place, où il l'arrêta aussitôt.

et en ajoutant : « Toute réflexion faite, je choisis pour vous la République démocratique, car vous êtes encore trop enfant pour savoir ce qui vous convient. » Si l'on n'a pas eu tout-à-fait l'impertinence de lui tenir un pareil langage, on a eu du moins la criminelle audace de le mettre en action ; et franchement, je ne sache rien dans l'histoire des peuples de plus effronté et de plus cri-

---

Le public et tous les journaux amis de l'ordre, applaudirent à cet acte de dévouement d'un bon citoyen ; mais ce qu'on aura peine à comprendre, c'est que quinze jours après, le ministre de l'instruction publique mit M. de Lacombe à la retraite d'office, et sans qu'aucun de ses supérieurs l'eût demandé. Comme cet acte inconcevable n'était pas moins contraire à la justice qu'aux u ages universitaires, le Conseil de l'Instruction publique refusa de statuer sur la pension de retraite de M. de Lacombe, pour obliger le ministre à le replacer, et il ne s'y décida enfin, que lorsque ce fonctionnaire lui eut fait savoir qu'il désirait jouir de sa pension le plus tôt possible.

(*Note de l'Éditeur.*)

minel. C'est là qu'est le grand mal ; c'est là qu'est le crime irrémissible. Car, enfin, législateurs d'un jour, vous qui n'aviez d'autre mandat pour vous emparer des rênes de l'État, que la chute d'un trône que vous aviez contribué à élever, et le consentement tacite d'une populace aveugle et effrénée, comment avez-vous osé substituer votre volonté capricieuse et éphémère à la volonté réfléchie et durable d'une grande nation, surtout dans une affaire qui l'intéressait à un si haut point, dans un choix qui était pour elle une question de vie ou de mort, et qu'elle seule était capable de bien faire ? Comment avez-vous pu vous permettre d'insulter ainsi à la raison et à la majesté souveraine du peuple Français ?

Ah ! si plusieurs d'entre vous sont aujourd'hui frappés d'ostracisme, si d'autres sont tombés dans une déconsidération méritée, et si les plus sages sentent la nécessité de se faire oublier, qu'on ne nous accuse point d'ingratitude ; car vous méritez assurément un châtiment plus sévère, pour avoir ainsi usurpé les droits d'un grand peuple, vous être joués de sa dignité et de son bon sens, et avoir sacrifié à votre amour-propre et à vos intérêts personnels sa tranquillité et son bonheur.

Bien que les faits prouvent suffisamment, je pense, que l'état républicain n'est point notre état naturel, puisqu'il est à la fois pour nous une cause de souffrance et de ruine, aussi bien qu'un sujet continuel de troubles et de révolutions sanglantes, nous croyons néanmoins devoir insister, afin qu'il ne reste plus aucun doute à cet égard aux républicains de bonne foi, qui, entraînés par un sentiment généreux, mais irréfléchi et enthousiaste, voient les hommes de nos jours, non pas tels qu'ils sont, mais tels qu'ils devraient être, et sont ainsi dupes d'une fâcheuse illusion.

Sans doute, il serait très heureux pour nous que nous fussions tous dignes d'être républicains, car nous serions vertueux, désintéressés, animés du saint amour de la patrie, au point de lui sacrifier avec joie nos vies, nos fortunes et nos enfants. La probité, l'honnêteté et le courage étant des vertus de rigueur dans une République, ne seraient même pas remarqués, et les actions sublimes et héroïques seraient seules données en exemple aux citoyens de toutes les classes, pour entretenir chez eux le feu sacré et exciter leur émulation. C'est alors que nous verrions, comme le dit Hamilton, de grands hommes commander de petites armées, et ces petites armées faire de grandes choses; et les citoyens, considérant les richesses comme un moyen, et non comme un but, les sacrifier avec bonheur à l'avantage de la patrie, au lieu de les acquérir à son détriment. Nous verrions sans doute aussi beaucoup moins de rubans rouges et beaucoup plus de braves gens. Certes, ce n'est pas moi qui repousserais un état politique, aussi désirable, aussi séduisant, qui nous offrirait un vrai paradis sur la terre.

Je ne négligerais rien, au contraire, pour m'y faire admettre, si je n'en faisais pas partie naturellement.

Mais quand on voit de nos jours la grande majorité des hommes animés d'un seul désir, poussés par un seul mobile, ou plutôt tourmentés par une seule passion, aussi ardente qu'insatiable, celle de faire fortune à tout prix ; quand, par suite, nos yeux sont chaque jour affligés du spectacle honteux des indignités et des bassesses de tout genre, inspirées par la soif de l'or ; quand chacun se complaît dans son égoïsme, et semble placer son bonheur dans la seule satisfaction de ses appétits grossiers, dans les seules jouissances matérielles ; enfin, quand la franchise, la droiture et la bonne foi, au lieu d'être dans le commerce et les transactions la règle générale, n'en sont plus que les exceptions, où donc sont aujourd'hui, je vous prie, les éléments d'une République durable?

Ah ! s'il suffisait de décréter que la France est républicaine, pour qu'elle le fût en effet, céla serait sans doute bien commode ; mais les décrets ne peuvent point changer ainsi la nature des choses, ni faire que la vertu, qui, selon Montesquieu et la raison, est le ressort et le principe de tout gouvernement républicain, soit chez nous à l'ordre du jour.

Solon, en donnant des lois aux Athéniens, eut bien soin de leur dire : « Je ne » vous donne point les meilleures lois pos» sibles, mais seulement les meilleures que » vous puissiez supporter. » Nos gouvernants de Février, au contraire, ont tenu à notre égard une conduite que nous sommes autorisés à traduire ainsi : « Nous savons » bien que le gouvernement républicain ne » convient nullement à la France, et que si » nous la consultions à ce sujet, elle le re» pousserait à une immense majorité. Eh ! » bien, tant pis pour elle ! il faudra pour» tant qu'elle s'en accommode, dès que » cette forme nous convient, à nous qui » sommes appelés à la gouverner. »

Si, d'après cela, Solon fut proclamé le plus sage législateur de l'antiquité, quel nom devons-nous donner à MM. du gouvernement provisoire, ces législateurs improvisés des temps modernes ?

Il est résulté de là, que les hommes d'État auxquels ces pères dénaturés de la jeune République ont laissé, en se retirant, le soin de son éducation, sont fort embarrassés de leur rôle, et, qu'avec les meilleures intentions du monde, ils ne savent pas trop comment s'y prendre pour la diriger et la faire vivre : aussi, de peur qu'elle ne commît quelque incartade nuisible à sa santé chancelante, si on l'abandonnait à ses instincts et à ses allures naturelles, ils ont jugé prudent dans son intérêt, de la priver provisoirement de sa liberté. Nous ne voudrions pas les décourager, attendu leur bon vouloir ; mais nous n'en sommes pas moins fâché de voir des hommes d'esprit et de cœur, des hommes sérieux, perdre leur temps à essayer de faire tenir un pain de sucre sur sa pointe, et nous sommes en conséquence obligé de leur dire, que s'ils veulent bien prendre la peine de faire examiner la chose avec toute l'attention qu'elle mérite, et de consulter à cet égard les plus habiles médecins, ils seront bientôt convaincus que la jeune République n'est pas née viable, et que tous leurs soins ne pourront servir qu'à prolonger de quelques jours son agonie.

Que conclure de là? C'est que nous approchons, quoi qu'on puisse dire et qu'on puisse faire, d'une crise fatale et inévitable, à laquelle il faut bien se préparer. Sera-t-elle salutaire pour la France? Nous devons l'espérer : nous dirons même que nous croyons notre espérance bien fondée.

Au surplus, si nous avons clairement démontré une chose d'ailleurs vivement sentie par tout le monde, à savoir que nous ne sommes pas faits pour vivre en République, ce qui exigerait des vertus que nous n'avons pas, et surtout un désintéressement et un dévouement dont nous ne sommes pas capables, le retour de la monarchie devient dès-lors une nécessité.

Mais remarquez qu'il ne s'agit pas ici d'une monarchie absolue, qui ne serait plus de notre époque, mais d'une monarchie libérale et constitutionnelle, qui assure à la fois nos libertés et notre repos, et qui, en rétablissant la confiance par des gages certains de stabilité, rende à la France sa prospérité première.

Il faut aussi remarquer que cette fois la monarchie, pour être durable, pour pouvoir porter d'heureux fruits, doit avoir l'assentiment et les sympathies du plus grand nombre, et surtout des hommes justes et sensés. Il faut aussi que les libertés publiques, qui nous sont si chères, et que personne ne peut désormais nous ravir, soient clairement stipulées, franchement proposées par la nation au nouveau monarque, et librement acceptées par lui, sans restriction comme sans arrière-pensée, c'est-à-dire avec la même bonne foi de part et d'autre, et le même désir d'assurer ainsi le bien du pays.

Après cela, que le nouveau souverain s'appelle Louis-Napoléon, comte de Paris ou comte de Chambord, je ne dis pas que cela soit absolument indifférent, car tant s'en faut que ce soit là ma pensée ; mais je prétends avec tous les hommes raisonnables et amis de leur pays, que la monarchie, avec un de ces trois princes, et aux conditions indiquées ci-dessus, serait de tout point préférable à un simulacre de République, dont nous souffrons si cruellement depuis plus de deux ans, sans même que nous ayons pour compensation à nos souffrances, le dixième de la liberté dont nous jouissions sous la monarchie. Si vous vous étonnez d'un fait que vous ne pouvez nier, et si vous en demandez la cause, il sera facile de vous répondre, que la République, qui n'est nullement dans nos mœurs, nous ayant été imposée par surprise et par violence, ne pouvait se maintenir quelque temps qu'à l'aide des mêmes moyens qui ont servi à l'établir. Cette durée éphémère exclut donc nécessairement la liberté, sans laquelle il ne saurait exister pour nous ni bonheur, ni tranquillité, ni vie politique.

La nécessité du retour de la monarchie une fois clairement démontrée et bien établie, il ne s'agit plus que de savoir à quel prince la France devra enfin confier ses destinées, si elle veut que cette monarchie soit durable, et pour longtemps à l'abri des révolutions qui, depuis soixante ans, ont si souvent bouleversé, désolé et ensanglanté notre beau pays.

Trois prétendants sont mis en avant par leurs partisans, et présentés, avec des chances plus ou moins probables, aux libres suffrages des électeurs. Nous les avons déjà fait connaître ; mais, avant d'exposer leurs titres, nous devons prévenir nos lecteurs, que nous ne nous croyons point compétent pour nous prononcer à leur égard d'une manière formelle et absolue. Nous dirons seulement, avec autant d'impartialité que de franchise, les raisons qui nous semblent militer en faveur de tel ou tel candidat; mais en considérant un choix aussi important, et qui appartient à la nation seule, au point de vue impartial des grands intérêts de la patrie, et en imposant silence à nos sympathies et à nos affections personnelles. La patrie avant tout, voilà notre devise.

Il est seulement évident que celui des trois prétendants sur lequel la nation devra porter ses suffrages, si elle veut sincèrement clore l'abîme des révolutions, est celui qui représente le principe auquel la grande majorité sera toujours le plus disposée à se rattacher, comme à une ancre de salut dans la tempête, qui retienne solidement le vaisseau de l'Etat, l'empêche de dériver et d'aller se perdre, soit sur les écueils aussi attrayants que dangereux du pouvoir absolu, soit sur la côte désolée et toute hérissée de brisants du socialisme.

Voyons donc d'abord quels sont les principes représentés par les trois candidats, afin de pouvoir juger ensuite, en toute connaissance de cause, du degré d'importance ou de sécurité que chacun d'eux peut nous offrir, pour que nous devions nous y rattacher avec confiance.

Louis-Napoléon représente évidemment le principe populaire ou démocratique, qui, au 10 décembre 1848, s'est manifesté en sa faveur par de si nombreux suffrages, c'est-à-dire avec une force dont on n'avait point encore eu d'exemple. A ce principe se rattachent les habitants des campagnes, dans un grand nombre de provinces, les anciens serviteurs de l'empire, et tous ceux pour qui la gloire du grand homme, dont la France sera toujours fière, est une espèce de culte. Si l'enthousiasme de ses nombreux partisans s'est beaucoup refroidi depuis le 10 décembre, parce qu'ils exigeaient de lui l'impossible, à savoir qu'il leur rendît sur-le-champ, et dès le premier jour de son avénement, l'aisance et la prospérité, dont ils avaient joui avant Février, cet enthousiasme n'est point pour cela éteint. La conduite sage et modeste, mais digne et honorable, qu'il a tenue depuis qu'il est installé à l'Elysée, son désintéressement, sa bienfaisance, sa sollicitude pour le soldat, l'estime et la considération qu'il témoigne en toute occasion aux généraux et aux officiers; enfin, les services signalés qu'il a rendus à l'ordre, sa modération, ses bonnes manières lui ont fait de nombreux amis dans toutes les classes de la société.

Quant au comte de Paris, intéressant par sa grande jeunesse et ses malheurs, par les nobles qualités de feu son père, à jamais regrettable, et par les douces vertus de sa mère, si méritante et si digne d'un meilleur sort, s'il n'a pas l'avantage de représenter un principe, il a du moins celui de compter dans l'Assemblée nationale aussi bien que dans la nation, de nombreux partisans, et d'être aussi le *neveu de ses oncles*, dont un surtout est cher à la France, autant par ses rares mérites et son amour pour la liberté, que par son peu de sympathie pour l'Angleterre.

Le comte de Chambord, en revanche, a pour lui l'avantage précieux de la légitimité, ou, en d'autres termes, de l'hérédité par ordre de primogéniture depuis des siècles, principe qui, suivant Montesquieu, ne peut être remplacé par aucun autre, parce qu'il frappe d'abord tous les esprits, et qu'il est ce qu'on appelle un axiome. C'est d'ailleurs un prince de trente ans et de bonne mine, dont les républicains eux-mêmes font l'éloge (1), doux, affable, instruit, réfléchi, et paraissant parfaitement comprendre la position et les devoirs d'un roi constitutionnel. Il a pour lui toutes les grandes maisons de France, la plus grande partie de la bourgeoisie aisée, et tous ceux qui, las des révolutions dont nous sommes les tristes jouets, désirent ardemment se reposer dans la stabilité et dans la paix.

---

(1) Voir la brochure de Charles Didier, sur sa visite à Frosdorff.

Après cet exposé, que nous croyons avoir fait avec autant d'impartialité que de franchise, et, dans tous les cas, avec une entière bonne foi, nous croyons qu'il ne nous appartient point de nous ériger, ici, et de notre chef, en *grand électeur*, et de dire doctoralement à la France : «Choisis tel prince » pour ton Roi.» Qu'il nous suffise, au contraire, après avoir fait connaître dans toute la sincérité de notre cœur et de notre patriotisme, les droits et les chances probables des trois prétendants, de dire à nos concitoyens : «Dans un avenir qui nous semble peu éloi- » gné, vous serez sans doute appelés à don- » ner votre suffrage pour le choix d'un Roi » constitutionnel ; je viens aujourd'hui vous » offrir des éléments capables d'éclairer vos » consciences, de former vos convictions, et » de vous mettre ainsi à même de pouvoir » vous prononcer en connaissance de cause, » quand le moment sera venu. Mais jusque- » là, soumettez-vous aux lois établies, gardez » la paix, et ayez confiance en Dieu qui pro- » tége la France.»

CHAPITRE III.

APPEL AU PEUPLE.

C'est à l'Assemblée nationale, qui a reçu du peuple Français les pouvoirs nécessaires pour assurer sa tranquillité et son bien-être, d'aviser aux moyens de le sauver d'une ruine imminente.— Souffrance et misère du pays, malgré l'abondance des récoltes.— Cette souffrance est due surtout à un défaut de sécurité, ou tout au moins de confiance. — Nécessité de changer la forme du gouvernement pour éviter la banqueroute. — Il faut, en conséquence, que l'Assemblée nationale fasse un appel au peuple, et qu'elle le consulte sur la forme de gouvernement qu'il préfère. — Elle réparera ainsi l'injure faite à la nation par le gouvernement provisoire, qui lui a imposé la République, sans daigner prendre son avis, ou plutôt avec la conviction qu'elle n'en voulait pas.— Si la France se prononce pour la Monarchie, comme cela est probable, l'Assemblée devra l'inviter ensuite à choisir pour son roi un des trois candidats indiqués plus haut. — Si, contre toute attente, la majorité des Français se prononçait pour la République, ce serait alors à la minorité de se soumettre, et, dans ce cas, l'Assemblée nationale devrait, pour ramener la confiance, demander au pays l'autorisation de modifier la Constitution avant le temps, en prolongeant les pouvoirs du Président.

Mais, pour que la France puisse accomplir librement, et en parfaite connaissance de cause, ce grand acte politique, qui doit mettre un terme à sa misère, et lui permettre enfin de se remettre de ses rudes épreuves et de se reposer de ses longues fatigues, à l'ombre des institutions justes et libérales, que les bons citoyens appellent de tous leurs vœux, il est indispensable que les grands pouvoirs de l'Etat préparent par leur sagesse et leur patriotisme, un choix d'une si haute importance.

Remarquez en effet que, si après les journées de Février, nous avons accepté, ou plutôt subi en silence, et comme une dure nécessité, un état politique si contraire à nos mœurs, et qui nous rappelait d'ailleurs de si cruels souvenirs, c'était uniquement parce que nous étions persuadés qu'il ne serait que passager, et surtout parce que notre grand épouvantail, à cette époque, était l'anarchie, qui menaçait de tout bouleverser, de tout détruire.

Et maintenant qu'une nouvelle expérience en a été faite, il doit être évident pour tout le monde que l'état républicain n'est pas moins opposé aux mœurs et aux vrais intérêts de la France, qu'au développement progressif et régulier de nos libertés, qui sont désormais, et pour toujours, un droit acquis, aussi bien qu'un de nos besoins les plus impérieux.

Aussi, tout en le supportant momentanément, tous les bons Français, c'est-à-dire tous les amis de la paix et de la prospérité du pays, qui forment heureusement le plus grand nombre, semblent-ils s'être entendus, dans toute la France, pour conjurer l'orage, et préserver l'ordre, la propriété et les lois des atteintes aussi dangereuses que stupidement effrontées d'un socialisme atteint de frénésie. Nous pouvons ajouter d'ailleurs qu'ils ont été parfaitement soutenus dans leurs louables intentions par tous les pouvoirs publics.

C'est donc ici le cas de payer, en passant, un juste tribut d'éloges à la magistrature française, qui, en 1848 comme en 1830, a su conserver intact le dépôt des lois, sans se laisser intimider le moins du monde par les menaces des factions, ni influencer par les divers partis politiques. Au milieu de la tourmente, elle a fonctionné avec autant de régularité et surtout de calme, que si, étrangère aux passions politiques qui enflammaient les autres citoyens, elle se fût trouvée sur un terrain neutre, et entièrement exempte de crainte et d'agitation. Son attitude, à la fois digne et impassible, mais résolue, a puissamment contribué à rassurer les hommes honnêtes, inquiets et même épouvantés de l'avenir. Honneur donc à la magistrature, qui, conservant un front serein dans la tempête, a su, par sa fermeté, imposer aux méchants, et mettre un frein aux mauvaises passions, lesquelles, de toutes parts, menaçaient de déborder, pour se ruer ensuite avec fureur, sur la société éperdue, comme sur une proie, pour la dévorer.

Mais nous ne serions juste qu'à demi, si, après avoir convenablement apprécié les mérites éminents de nos magistrats, et les services importants qu'ils ont rendus au pays, dans les circonstances critiques et quelquefois terribles où il s'est trouvé depuis près de trois années, nous négligions de payer aussi à notre brave armée un tribut de haute estime et de vive reconnaissance; car elle n'a pas seulement été admirable par son dévouement et sa valeur, mais elle l'a été surtout par son bon esprit et son excellente discipline.

C'est ainsi que, par leur fière contenance, nos braves guerriers ont parfaitement secondé nos respectables magistrats, et ont montré à l'anarchie qu'ils étaient tout prêts à les aider dans leur noble tâche et à tenir vigoureusement la main à l'exécution de leurs arrêts, si jamais l'ordre était sérieusement menacé et la justice méconnue. Je dois donc être fier de voir mes trois fils aînés dans les rangs de cette glorieuse armée (1).

---

(1) Les trois fils aînés de M. de Lacombe, qui sont aussi ses élèves, servent déjà l'État, avec distinction, de leur épée. L'aîné, capitaine au 2e régiment de dragons a eu l'insigne bonheur de sauver

Au surplus, les terribles journées de juin, où tant d'illustres chefs ont glorieusement succombé, sont là pour rendre témoignage du dévouement et de la valeur intrépide de nos soldats. En répandant leur sang généreux pour la défense de l'ordre et des lois, ils ont bien réellement sauvé la patrie du plus grand danger qui l'ait jamais menacée, je veux dire de la fureur cupide et sanguinaire du socialisme organisé.

---

la ville de Rouen du pillage, au mois d'avril 1848, en chargeant vigoureusement les émeutiers à la tête de ses dragons et en les dispersant dans toutes les directions, au moment où ils allaient s'emparer de l'Hôtel-de-Ville.

Le second, officier de marine, a été décoré dans la Plata, à l'âge de 24 ans, après avoir enlevé dans le port de Zaretti, et conduit à Montevideo, avec une seule goëlette qu'il commandait, cinq grands navires de Rosas.

Le troisième est lieutenant de grenadiers au 17e léger, ce brave régiment, qui, en juin 1849, a si vaillamment combattu à Lyon, pour la défense de l'ordre et des lois.

(*Note de l'Editeur.*)

Nous pouvons donc aussi dire avec justice et avec un vif sentiment de reconnaissance : Honneur à nos guerriers, non moins redoutables aux ennemis du dedans qu'à ceux du dehors !

Mais après avoir donné à la magistrature et à l'armée les éloges qui leur sont dus, nous dirons à l'Assemblée nationale :

« Représentants d'un grand peuple, qui vous a donné, avec sa confiance, les pouvoirs nécessaires pour parer à toutes les éventualités, et qui vous a ainsi imposé l'obligation de prendre, au besoin, toutes les mesures propres, non-seulement à assurer sa prospérité et son bien-être, mais surtout à le préserver du danger et de la ruine qui le menacent, vous contenterez-vous de discuter gravement des lois, utiles sans doute, mais qui ne sont pas d'une nécessité urgente, et ne ferez-vous rien pour le sauver promptement de l'anarchie et de la misère ? Souffrirez-vous plus longtemps que nous marchions d'un pas rapide vers l'abîme épouvantable, qui doit engloutir à la fois la fortune, le crédit et la considération de la France, vers la honteuse banqueroute, puisqu'il faut enfin l'appeler par son nom ?

» Vous ne pouvez, en effet, vous le dissimuler, le chiffre réel de nos dépenses va toujours croissant, tandis que celui de nos recettes diminue, ou du moins est bien loin de s'accroître dans la même proportion. Or, vous n'ignorez pas, que dès que le revenu d'un pays ne suffit pas à ses besoins, alors que tous les genres d'impôt semblent avoir atteint leur maximum, il se trouve bientôt obligé d'entamer de plus en plus son capital, pour faire face aux exigences qui l'assiègent, c'est-à-dire, d'augmenter sa dette d'année en année, sans se flatter de pouvoir jamais la payer. C'est là, à coup sûr, une extrémité bien fâcheuse, puisqu'elle a pour résultat inévitable de tarir les sources de la richesse publique, et de rendre le retour de la prospérité bien difficile, si non tout-à-fait impossible.

» Toutefois, si cet état de gêne n'est amené que par des causes accidentelles, quelque graves qu'elles soient d'ailleurs, telles que la peste, la guerre ou la famine, les plus terribles fléaux que nous connaissions, ce pays, pour peu qu'il soit fertile, industrieux et commerçant, peut et doit espérer de sortir bientôt de cette position malheureuse, au moyen de sérieuses économies dans les dépenses, d'un accroissement probable et prochain des revenus publics et particuliers, et surtout d'un meilleur emploi de ces mêmes revenus. Mais les Français offrent aujourd'hui au monde l'exemple, non moins inouï qu'affligeant, d'un grand peuple, aussi industrieux que brave, aussi laborieux qu'intelligent, qui, en pleine paix avec ses voisins, et possesseur des riches produits qu'une terre féconde et bien cultivée lui fournit avec largesse depuis trois ans, périt néanmoins de langueur et de misère au milieu de l'abondance, et ne peut qu'à grand'peine acquitter les impôts, désormais hors de proportion avec ses ressources. Mais à quoi attribuer cette contradiction apparente entre les effets et les causes, ou, en d'autres termes, cette désolante anomalie ? Je n'ai pas la prétention de vous l'apprendre, Représentants de la France, vous savez, comme moi et mieux que moi, qu'elle est due au défaut de sécurité, ou, tout au moins, de confiance, aux craintes plus ou moins fondées de nouvelles et terribles convulsions, aux menaces horribles et incessantes des éternels ennemis de la tranquillité et de la prospérité publiques, de ces démagogues incorrigibles, qui ne respirent à l'aise qu'au milieu des troubles, et pour qui le désordre, le pillage, l'incendie et les massacres sont la liberté. Le souvenir de ce qu'ils ont fait, et la parfaite connaissance de ce qu'ils sont capables de faire, en ne les jugeant même que sur leurs propres aveux et leurs criminelles vanteries (1), effraient tout naturellement les

(1) Voir le programme de la Société des Vengeurs,

capitaux, qui se retirent ou se cachent, ou bien qui sont employés improductivement à la Bourse, où ils ne servent qu'à alimenter la fureur du jeu. Quant aux spéculations

---

les écrits de Joigneaux, d'Hauréaux, de Proudhon et autres, aussi bien que les pièces du procès Greppo, sans parler des propos tenus en pleine Assemblée nationale par le représentant Miot.

Or, le *citoyen* Greppo, représentant montagnard de Lyon, avait, en juillet 1850, tenu le propos suivant, à l'Hôtel de Nantes, à Paris, en présence de plusieurs témoins :

« Lors de la prochaine et désirable collision qui
» aura lieu, nous nous ferons désigner les maisons
» de tous les *réacs*; nous les ferons descendre dans
» la rue, et nous les fusillerons à leur porte, sans
» autre forme de procès. »

Ce propos ayant été affirmé par écrit à M. de Lacombe, alors directeur du journal *l'Ami du Peuple*, il crut faire acte de bon citoyen, en le publiant dans son journal, et en avertissant ainsi ses compatriotes du sort qui les attendait, s'ils se laissaient intimider ou endormir.

Quelques jours après, il publia un autre article, où il disait que le propos attribué au *citoyen* Greppo, était d'autant plus certain, qu'il était la conséquence nécessaire des doctrines impies,

lointaines, qui pourraient ouvrir des débouchés à nos denrées surabondantes, ou aux entreprises de longue durée, qui exigent nécessairement de la tranquillité dans les

---

avouées par la crète de la Montagne, laquelle professait ouvertement l'athéisme et l'assassinat.

M. de Lacombe fut, peu après, traduit par le *citoyen* Greppo, devant la Cour d'Assises de la Seine, pour y faire la preuve des faits graves avancés par lui. Il produisit alors aux yeux du jury épouvanté, une foule de documents, médailles, livres, journaux, programmes de sociétés secrètes, qui firent frémir d'horreur tous les assistants. Il déclara en outre qu'il était heureux que le *citoyen* Greppo lui eût fourni l'occasion de rendre à son pays un service important, en démasquant publiquement ces faux grands hommes, qui abusaient de la crédulité des classes pauvres, pour les tromper, et les irriter, afin de s'en faire un marchepied pour monter ensuite au pouvoir. Il ajouta que tant qu'il lui resterait un souffle de vie, il poursuivrait de tous ses efforts, les affreuses doctrines des Montagnards.

Les preuves administrées par M. de Lacombe, parurent si convaincantes au jury, qu'il fut acquitté à l'unanimité, et sans délibération.

(*Note de l'Éditeur.*)

esprits et de la stabilité dans les affaires, quel homme sage oserait aujourd'hui y engager sa fortune, quand il n'est même pas sûr du lendemain? D'ailleurs, quelle extension peut prendre le commerce dans un pays où toutes les ventes ne se font plus qu'au comptant! Il est évident qu'en pareil cas la somme des affaires se trouvant limitée par la quantité du numéraire en circulation, est singulièrement restreinte, et ne saurait conséquemment porter l'aisance et la vie dans toutes les parties du corps social. Heureusement, les grands pays de fabrique sont maintenant en prospérité; car cela n'est pas sans importance; mais ce n'est toutefois qu'une faible compensation aux souffrances de l'agriculture et du commerce en général. Du reste, Messieurs les Représentants, remarquez que cette activité extraordinaire de nos grands centres manufacturiers est due principalement aux étrangers, tributaires de nos arts et de notre industrie, et non aux nationaux, qui ne sont plus aujourd'hui assez riches pour les encourager.

» Et cependant, il n'en faut pas moins que la France serve exactement l'intérêt d'une dette énorme, qu'elle paie les pensionnaires de l'État et les fonctionnaires de tous les ordres, et qu'elle entretienne sur un pied respectable ses armées de terre et de mer, dont l'effectif, dans les circonstances présentes, est nécessairement considérable, sans parler d'une foule d'autres dépenses non moins nécessaires, non moins urgentes. Ainsi, il y a toujours, pour le pouvoir, obligation de demander aux contribuables beaucoup plus d'argent qu'ils n'en peuvent donner sans se ruiner, dans l'état de gêne et de souffrance où ils se trouvent maintenant. D'où il résulte nécessairement, si la situation tarde à s'améliorer, qu'il faudra achever d'épuiser le pays pour subvenir aux dépenses et aux charges de l'État. Et quand le fisc impitoyable aura usé toutes ses rigueurs pour arracher leur dernier sou aux petits propriétaires, qui, chez nous, forment le plus grand nombre, et paient en conséquence la plus grande partie de l'impôt, il faudra bien que le gouvernement, comme tous les débiteurs insolvables, se décide enfin à déposer son bilan, après avoir employé tous les expédients, et tenté tous les moyens d'échapper à une extrémité aussi cruelle.

» Si donc il est incontestable que le défaut de confiance et de stabilité dans les affaires est la cause principale, pour ne pas dire l'unique cause des maux qui nous assiégent, et de ceux bien plus graves encore qui nous menacent, pourquoi, Représentants de la France, attendriez-vous plus longtemps pour y mettre un terme, s'il dépend de vous de la faire cesser immédiatement? Eh bien, vous pouvez nous délivrer de cette incertitude insupportable qui nous paralyse, et de cette douloureuse anxiété qui nous tourmente, en faisant, sans plus attendre, un appel sincère et direct au peuple Français, afin que, légalement convoqué, il puisse faire connaître au monde inquiet et attentif, ses vœux et ses sentiments, ou plutôt sa volonté souveraine.

» Et si, en effet, comme nous l'avons avancé, et comme tout nous porte à le croire, il ne veut pas, il n'a jamais voulu de la République, si peu en harmonie avec ses mœurs, et qu'on lui a si effrontément imposée, il ne manquera pas de le dire tout haut, comme il convient à un grand peuple. Alors les républicains honnêtes et de bonne foi s'inclineront avec respect devant ce vote solennel, et renonceront à leurs séduisantes, mais trop funestes chimères.

» Quant à ces déclamateurs sans bon sens et sans principes, à ces apôtres sans mission, qui parlent toujours au nom du peuple, sans avoir jamais reçu de lui le moindre mandat, ils perdront dès lors toute autorité; et s'ils trouvent encore quelque sympathie, ce ne pourra être que dans la plus vile populace, qu'ils affectent d'appeler le peuple. Du reste, les vrais républicains, c'est-à-dire ceux qui sont convaincus que l'état démocratique est conforme au vœu du pays, doivent aussi souhaiter cette épreuve. Et si, en effet, l'opinion du pays, librement exprimée, leur donnait raison à cet égard, en adoptant la République, le devoir de tout bon Français serait, alors, de s'y soumettre et de l'adopter franchement.

» Ainsi, Représentants de la France, il est donc de l'intérêt de tout le monde, que vous posiez d'abord au peuple, de la manière la plus nette et la plus authentique, la question suivante : *Voulez-vous rester en République ou revenir à la Monarchie ?*

» La question une fois résolue dans le sens monarchique, comme nous n'en saurions douter, l'Assemblée nationale devra lui poser cette deuxième question, qui n'est que la conséquence dé la première : *Trois princes aspirent à vous gouverner. Lequel des trois adoptez-vous pour votre roi ? Quel que soit votre choix, nous nous empresserons d'aller offrir de votre part au nouvel élu une couronne d'autant plus flatteuse, qu'elle sera la récompense de ses mérites, et la preuve la moins équivoque de votre estime.*

» Il faudra bien alors que les dissidents prennent le sage parti de se soumettre, ou de se taire tout au moins, s'ils ne veulent être taxés de folie et mis aux petites maisons ; car nous ne supposons pas qu'une minorité factieuse ait la coupable audace de vouloir imposer sa volonté capricieuse à une majorité si évidemment et si légalement constatée. D'ailleurs, le nouveau souverain, gouvernant dès lors d'une manière conforme à la Constitution qu'il aurait au préalable solennellement jurée, ne saurait trouver dans le pays d'obstacles sérieux à faire le bien, et la France serait sauvée.

» Mais si, contre toute attente, le plus grand nombre des électeurs se prononçait pour la République, vous auriez encore, Représentants, à lui poser subsidiairement cette importante question, qui agite en ce moment tous les esprits : *Le peu de durée des pouvoirs accordés au président de la Ré-*

publique étant une cause évidente de stagnation dans les affaires, et conséquemment de gêne et de misère pour la France, il est urgent de la faire cesser. Vous convient-il, en conséquence, Français, de prolonger les pouvoirs présidentiels, et de nous autoriser à modifier en ce point la Constitution? »

L'Assemblée nationale, en agissant de la sorte, et en tenant un tel langage au pays, serait certaine de rencontrer dans tous les partis approbation et sympathie. Elle se trouverait d'ailleurs par là dégagée de toute responsabilité. Tandis que si d'elle-même elle croit pouvoir se permettre de réviser avant le temps la Constitution, qu'elle n'a pas faite, mais qu'elle a juré de maintenir, elle ne peut manquer d'encourir le grave reproche d'usurpation et d'arbitraire, et de s'exposer ainsi à frapper de mort cette même Constitution, en lui portant de son plein gré cette rude atteinte. Et comment pouvoir compter alors sur cette tranquillité profonde dont la France a si grand besoin pour se refaire, si l'on avait l'imprudence de donner de telles armes aux perturbateurs? D'ailleurs, la France n'est-elle donc pas encore majeure, pour qu'on puisse se dispenser ainsi de la consulter sur ses sympathies politiques et sur ses intérêts les plus chers ? Et qui pourrait se flatter de connaître mieux qu'elle ses besoins et la forme politique qui lui convient, en se rendant d'office l'interprète fidèle de ses goûts et de ses sentiments ?

N'est-il pas indispensable, au contraire, pour mettre un terme à toutes les incertitudes, et pour fermer la bouche aux opposants, qu'elle se prononce elle-même à ce sujet de la manière la plus claire et la plus formelle?

Concoit-on tout ce que la volonté d'une grande nation, librement et généralement manifestée, aurait alors de poids et d'autorité, et combien seraient coupables et téméraires tous ceux qui auraient l'audace de s'y opposer? Ah ! que l'Assemblée nationale se garde bien d'ajouter la faute grave, la faute vraiment impardonnable du gouvernement provisoire, et qu'elle se montre plus confiante dans le bon sens et le patriotisme de ses commettants. Si M. de Lamartine et ses collègues avaient eu le courage de tenir leur promesse, en appelant le peuple à se prononcer sur la forme du gouvernement qui lui convenait le mieux, nous ne serions pas aujourd'hui dans une si fausse position, et dans un si cruel embarras. Le problème serait résolu depuis longtemps; tandis qu'en l'ajournant sans nécessité, et contrairement au droit et à l'intérêt du pays, on l'a rendu, par cela seul, plus difficile. Et cependant c'est encore là le seul moyen de nous sauver. Nous sommes aujourd'hui malheureux parce que ceux qui, en Février, s'étaient violemment emparés de l'autorité, ont manqué de courage et de franchise, et ont craint de se voir trop promptement dépossédés du pouvoir, qui ne pouvait, cependant, manquer de leur échapper bientôt, dès qu'ils n'en prolongeaient un peu la durée qu'à l'aide d'un odieux mensonge. Maintenant, le seul remède à nos souffrances, c'est de rentrer résolument dans la vérité et la droiture, en nous soumettant tous, tant que nous sommes, à la forme de gouvernement qui obtiendra l'assentiment général, comme à un décret de la Providence, en sacrifiant au bien public nos haines et nos antipathies politiques, et en nous unissant tous contre l'étranger, pour faire, au besoin, respecter nos droits méconnus, ou pour venger notre honneur offensé, si toutefois il osait jamais y porter atteinte.

BIBLIOTHÈQUE NATIONALE R.F. IMPRIMÉS

Imprimerie de MADAME DE LACOMBE, rue d'Enghien, 14.

[illegible] ou meilleurs amis [illegible]. Maintenant, lorsqu' [illegible] procède à nos soulé [illegible], [illegible] résolument dans la vérité et la droiture, [illegible] nous [illegible] Car que nous som- [illegible] ces, à la forme [illegible] [illegible]

[illegible]

www.ingramcontent.com/pod-product-compliance
Lightning Source LLC
LaVergne TN
LVHW020434230826
846091LV00004B/1491
* 9 7 8 2 0 1 1 7 8 8 7 7 1 *